WORLD STORIES
ENCYCLOPEDIA

W0375212

100 FAITS INCROYABLES SUR LE BASKET

HISTOIRES ET CURIOSITES SUR LE BASKETBALL QUE VOUS DEVEZ ABSOLUMENT SAVOIR

PRÉSENTATION

CE LIVRE FAIT PARTIE DE LA **SÉRIE WORLD STORIES ENCYCLOPEDIA**, UN IMPORTANT PROJET D'ÉDITION ITALIEN-AMÉRICAIN SPÉCIALISÉ DANS LES PUBLICATIONS POUR LES ENFANTS ET LES JEUNES.
LA SÉRIE COMPREND DIVERS LIVRES AVEC UNE SÉLECTION FASCINANTE D'HISTOIRES ÉTONNANTES, DE FAITS ET DE CURIOSITÉS SUR **LE FOOTBALL, DIVERS SPORTS, LES ANIMAUX, LA NATURE, LA SCIENCE.**
LE TOUT AVEC L'AIDE ET LES CONSEILS D'EXPERTS DU SECTEUR POUR TOUJOURS FOURNIR DES INFORMATIONS ET DES CONTENUS DE HAUTE QUALITÉ.
CE QUI EST ENCORE PLUS ATTRACTIF, C'EST QU'À TRAVERS CES LIVRES, LES ENFANTS ET LES JEUNES PERFECTIONNENT LEURS CONNAISSANCES ET LEURS CAPACITÉS LOGIQUES EN S'AMUSANT SIMPLEMENT.
QUOI DE PLUS BEAU ?

BONNE LECTURE LES AMIS.

1

Tous les sports ne peuvent pas se targuer d'avoir une date précise de leur naissance, contrairement au basket-ball.
Le 15 janvier 1891 aux États-Unis d'Amérique, James Naismith, professeur d'éducation physique, rédige le premier livre de règles de ce jeu qui avait pour but d'entraîner les joueurs de football durant la saison hivernale. Au départ cette discipline était désignée sous le nom de Basketball, puis simplifiée en basket.

2

Initialement, le basket-ball se jouait avec un ballon de football et des paniers de pêche, et les arbitres étaient chargés d'aller chercher le ballon chaque fois qu'un joueur marquait un panier.

Aujourd'hui, le basket-ball se joue avec un ballon spécialement conçu pour ce sport.

La première version des paniers de corde que nous utilisons encore aujourd'hui a été utilisée dans le jeu en 1900.

Quelques années plus tard, des panneaux d'affichage ont été ajoutés afin que les spectateurs ne puissent pas gêner un tir.

3

Au début, comme les joueurs n'étaient pas autorisés à dribbler le ballon, aucun progrès ne pouvait être fait.
Au lieu de cela, c'était à chaque joueur de le lancer d'où il l'avait attrapé.
En 1897, une équipe de Yale a été créditée d'avoir été la première à faire avancer le ballon en le dribblant. L'autorisation formelle de dribble, qui consistait initialement en un seul dribble par possession, n'a été mise en œuvre que quatre ans plus tard.
Le dunk, une autre manœuvre importante dans le basket-ball, a été rendu illégal peu de temps avant la saison 1967-68 et le resta jusqu'à la saison 1976-77.

4

Avec une hauteur de 246 cm, le Libyen Suleiman Ali Nashnush est considéré comme le plus grand basketteur de tous les temps.
En 1962, il a également joué pour l'équipe nationale de son pays. Deux ans plus tôt, alors qu'il avait 17 ans, il avait subi une chirurgie de ralentissement de la croissance !

5

Yao Ming, le champion chinois célèbre pour sa taille exceptionnelle de 229 cm, a été parmi les protagonistes de la NBA entre 2002 et 2011.
Selon le chroniqueur américain Brook Larmer, sa naissance aurait été planifiée à table, "commandée" par le gouvernement chinois à deux basketteurs.

6

Bien qu'il ait été poignardé 11 fois au cours de la saison 2000-2001, Paul Pierce a réussi à jouer dans presque tous les matchs de la saison.
Paul Pierce a fréquenté le Buzz Club de Boston le 25 septembre 2000. Il était tard dans la nuit et Paul a eu le malheur de se trouver au mauvais endroit au mauvais moment. Il tentait de mettre fin à une bagarre qui se déroulait à l'intérieur du bar lorsqu'il a reçu 11 coups de couteau.
Il a été poignardé au visage, au cou et au dos. Quelqu'un est allé jusqu'à lui briser une bouteille sur la tête. Tony Battie, son ancien coéquipier, l'a transporté d'urgence à l'hôpital et lui a sauvé la vie. Il a été contraint de subir une opération des poumons.

7

Le tournoi NCAA de 1979 a été le début de la grandeur pour de nombreux basketteurs. Le match de basketball universitaire de 1979 entre l'État du Michigan et l'État de l'Indiana, qui a eu lieu pendant le tournoi de la NCAA, est resté dans les mémoires comme l'un des matchs les plus remarquables de l'histoire du sport. Alors que le basket-ball universitaire continue d'être l'un des sports les plus populaires, les spectateurs se souviennent du match. Ce match a marqué le début des grands du basket-ball et des stars de la NBA puisqu'il a vu Magic Johnson et Larry Bird s'affronter pour la première fois. Avant ce tournoi, ils ne s'étaient jamais affrontés dans un match.

8

Michael Jordan a été contraint de payer des amendes pour avoir porté ses chaussures.
Vous associez sûrement Michael Jordan aux célèbres Air Jordans. Cette sneaker a atteint le statut d'icône grâce aux ventes record qu'elle a eues. Ce que vous ne savez peut-être pas, c'est que le code de
Les vêtements NBA sont utilisés pour interdire aux joueurs de porter ces baskets. Michael Jordan a été condamné à une amende par la NBA chaque fois qu'il les portait, mais il a choisi de le faire parce qu'il ne voulait pas jouer sans eux.
Finalement, les baskets ont été autorisées à être portées sur le terrain par la NBA.

9

Aucune action telle qu'épauler, saisir, pousser, trébucher ou frapper un adversaire n'est jamais, en aucune circonstance.
Cependant, ces infractions n'ont jamais été considérées comme des fautes avant 1910, lorsqu'une règle a été introduite disant qu'un joueur serait éliminé du jeu s'il commettait quatre de ces infractions. En 1946, la Basketball Association of America (l'organisation qui deviendra plus tard la National Basketball Association) a introduit ses premiers statuts, qui ont augmenté le nombre de joueurs autorisés sur le terrain de trois à cinq, puis de cinq à six par an l'année suivante.

10

Au basket, il y a aussi un propre panier, mais le point n'est marqué que s'il n'est pas intentionnel. C'est une règle décidée à l'issue d'un match de Coupe des Champions en 62 où, pour éviter les prolongations avec un retour furieux d'Ignis Varese, le Real Madrid a préféré terminer la rencontre par un "but contre son camp".

11

Les règles régissant la possession ont été modifiées en 1913; actuellement, la garde du ballon est attribuée au joueur qui a été le dernier à toucher le ballon après qu'il soit sorti du terrain ; cependant, cela n'a pas toujours été le cas.

Avant 1913, une balle hors limites était ramassée par un arbitre et renvoyée sur le terrain; le joueur qui a touché le ballon en premier conserverait la propriété du ballon. En raison de l'augmentation des blessures des joueurs, le règlement a finalement été révisé.

12

Les paniers de pêche sont à l'origine du nom du jeu de basket-ball. Le premier jeu du sport porte le nom de son inventeur, James Naismith, qui a utilisé deux paniers d'un demi-boisseau de pêches comme cibles. Il y a eu beaucoup de courses et de tirs, mais le seul point marqué dans le match a été un sauteur en demi-terrain de William R. Chase.

13

Certaines des règles du basket-ball étaient dérivées d'un jeu pour jeunes appelé "Duck on the Rock". Pour jouer à ce jeu, une pierre doit être placée au-dessus de tout objet surélevé, comme un tronc d'arbre.
Pendant que les autres joueurs tentent de faire tomber la pierre du plateau en lançant des pierres appelées «canards»,
un joueur monte la garde dessus. Il existe des parallèles entre cela et les stratégies offensives et défensives utilisées au basketball.

14

La première copie des règles n'a été rendue publique que le 15 janvier 1892. Au fur et à mesure que la nouvelle du jeu nouvellement développé était connue, les associations étaient obligées d'écrire à Naismith et de demander une copie des règles.

Après un certain temps, Naismith a finalement publié les règles formelles du basket-ball dans le numéro de janvier 1892 du magazine du campus Triangle produit par la YMCA Training School.

15

Le sport du basketball a été introduit à l'origine dans des pays autres que les États-Unis à partir du Canada.

En 1893, le sport du basket-ball a été joué pour la première fois en France. Peu de temps après, en 1894, l'Angleterre fut rejointe par l'Australie, la Chine et l'Inde. L'année 1900 marque l'arrivée du basket au Japon.

16

La popularité du basketball dans les YMCA a contribué à une augmentation du nombre de membres.
Les terrains conçus pour le basketball n'étaient pas toujours faciles à trouver lorsque le sport a commencé. Pour cette raison, de nombreuses personnes ont rejoint le YMCA afin de pouvoir utiliser les gymnases.
Cependant, après seulement cinq ans, plusieurs groupes ont décidé de criminaliser le jeu car les participants avaient tendance à prendre le contrôle des gymnases.

17

Après que le YMCA ait interdit le basket-ball, bon nombre de ses membres ont démissionné de leur adhésion. Bien que perdre ces joueurs ait été un revers, les choses se sont améliorées pour le basket-ball à long terme.

La campagne a convaincu les organisations de commencer à louer des installations pour accueillir les compétitions. Cela a conduit à la création du sport pratiqué à un niveau professionnel.

18

La prolifération de la télévision a contribué de manière significative au développement du basket-ball universitaire. Les matchs de championnat de la NCAA sont télévisés à la télévision nationale chaque année
depuis 1963.
Lorsque les années 1980 se sont déroulées, les trois principaux réseaux de télévision des États-Unis ont commencé à diffuser des matchs universitaires intersectionnels au cours de la saison, qui s'étend de novembre à mars.

19

La diffusion du basket à la télévision a conduit au développement de quatre facettes du jeu.

L'avènement du basket-ball télévisé a été un facteur important dans la croissance du sport aux États-Unis, en particulier dans le basket-ball au lycée et à l'université et le basket-ball féminin.

Au fil du temps, l'intérêt croissant de la population générale pour le basketball a également ouvert la voie à la pratique professionnelle et internationale de ce sport.

20

L'entraîneur Frank W. Keaney est crédité d'avoir développé la stratégie de «coupure rapide» au basket-ball. Keaney a été employé à l'Université de Rhode Island en tant qu'entraîneur de basket-ball à partir de 1921 et jusqu'en 1948.
Le terme "fast break" fait référence à une tactique dans laquelle l'équipe offensive tente d'obtenir un tir solide avant que la défense ne puisse se préparer en lançant le ballon dans la zone le plus rapidement possible.

21

Dans le jeu de basket-ball, le concept de défense de pression a été introduit par Adolph Rupp. C'était un autre facteur qui contribuait au style rapide du basket-ball. 1931 est l'année où il est embauché comme entraîneur de l'équipe de l'Université du Kentucky.

Là, il a élevé le programme de cette institution au niveau d'une figure pionnière dans l'histoire du basket-ball dans son ensemble.

22

Au cours de cette même période, les entraîneurs défensifs pionniers ont produit des changements importants dans la pensée de l'entraînement défensif. Les stratégies défensives utilisées au basket-ball proviennent de diverses universités.

Les techniques défensives d'homme à homme ont été mises au point par les entraîneurs Henry Iba de l'Université A&M d'Oklahoma et Clair Bee de l'Université de Long Island. Pendant ce temps, l'entraîneur de l'Université Marshall, Cam Henderson, en Virginie-Occidentale, a conçu les principes fondamentaux de ce que l'on appelle maintenant la défense de zone. Au cours des années suivantes, ces idées ont évolué pour devenir des aspects fondamentaux du basket-ball.

23

Clara Baer a eu un impact sur le basket féminin en raison d'un incident où elle a créé son propre règlement. A l'H. Sophie Newcomb College for Women à la Nouvelle-Orléans, le basket-ball n'existait pas jusqu'à ce que Clara Baer l'y amène. Lorsque Naismith a donné à Baer un aperçu de la cour, il n'a pas reconnu la signification des lignes pointillées. Au lieu d'être des indicateurs des domaines où les joueurs pouvaient mieux jouer en équipe, l'entraîneur les considérait comme des lignes restrictives.

24

Forrest "Phog" C. Allen a joué un rôle déterminant dans le développement du basket-ball à l'échelle mondiale. Allen était un ancien entraîneur de l'Université du Kansas où il a acquis son expérience d'entraîneur sous la tutelle de Naismith lui-même.

À partir de 1936, il était le chef de file du mouvement prônant l'inclusion du basketball aux Jeux Olympiques.

25

La FIBA régit les compétitions internationales de basketball.
FIBA signifie Fédération Internationale de Basketball Amateur.
Les femmes n'étaient pas autorisées à participer aux championnats du monde de basket-ball avant 1953, bien que les premiers championnats du monde masculins aient eu lieu en 1950.
En 2014, la compétition masculine est devenue connue sous le nom de Coupe du monde de basket-ball FIBA .

26

Le Commonwealth du Massachusetts abrite le Naismith Memorial Basketball Hall of Fame.

Cependant, il existe une distinction importante entre cela et les temples de la renommée du football et du baseball. Cette institution, contrairement aux deux autres, reconnaît les contributions d'experts des États-Unis et d'autres pays.

27

Le Geneva College, situé à Beaver Falls, en Pennsylvanie, est reconnu comme le premier collège à avoir initié le basketball. CO Bemis apprit l'existence de ce nouveau sport à Springfield en 1892. Plus tard, il l'apporta à Genève
et en fit la démonstration à ses élèves.

28

Le 18 janvier 1896, le premier match de basket universitaire alignait seulement cinq joueurs.
Le premier match de basket-ball universitaire entre l'Université de Chicago et l'Université de l'Iowa a eu lieu à Iowa City. L'Université de Chicago l'a emporté 15-12, bien qu'aucune équipe n'ait utilisé de remplaçants.

29

Le tir à une main a été lancé par Hank Luisetti, qui a été le premier joueur à l'utiliser. Le joueur de l'Université de Stanford, qui a ensuite fait un coup célèbre, l'a fait à la fin des années 1930.
Auparavant, les seuls tirs tentés au-delà de l'arc étaient des tirs à deux mains.

30

Dans les années 1950 et 1960, le coup poussé à une main de Luisetti s'est transformé en tir sauté.
D'autre part, la balle est lâchée au sommet du saut lors de l'utilisation de cette technique. Jerry West, joueur de l'Université de Virginie-Occidentale, et Rick Mount, joueur de l'Université Purdue, sont crédités d'être le premier à démontrer avec succès l'efficacité de ce tir de basket légendaire.

31

En 1897, l'Amateur Athletic Union est responsable de l'organisation de la toute première compétition de basketball. Le gagnant reconnu était le 23rd Street YMCA à New York.

Après un certain temps, le groupe est devenu une équipe professionnelle nomade connue sous le nom de New York Wanderers.

32

Ce n'est qu'en 1937 qu'a lieu le premier concours collégial au niveau national. En 1937, un groupe basé à Kansas City a organisé le premier concours national pour les étudiants aux États-Unis.

En temps voulu, l'organisation a évolué pour devenir ce qui est maintenant connu sous le nom de National Association of Intercollegiate Athletics (NAIA).

33

La National Basketball League est la première ligue professionnelle de basketball. La NBL a été fondée en 1898 et proposait des compétitions distinctes du basketball collégial. Le terrain régulier de la Ligue nationale de basketball est entouré d'une clôture en fil de fer soudé pour éloigner les fans bruyants des joueurs sur le terrain.
Cela a donné naissance à la référence de longue date aux joueurs de basket-ball en tant que "cages".

34

Le plus long match de basket NBA a duré 78 minutes. Le record du plus long match de basket-ball jamais disputé a été détenu par un match entre deux équipes américaines, les Olympiens d'Indianapolis et les Royals de Rochester.

Le 6 janvier 1951, le match a été joué à Edgerton Park Arena à Rochester, New York. Les Olympiens ont remporté le match qui s'est terminé en six prolongations, marquant 75-73.

35

Le match avec le plus grand nombre de points marqués dans l'histoire de la NBA s'est terminé sur un score de
186-184. Dans un match qui est allé en triple prolongation le 13 décembre 1983, les Pistons de Detroit ont affronté les Nuggets de Denver.
Ils détiennent désormais le record du match avec le plus de points marqués dans l'histoire de la NBA, grâce à cet accomplissement.

36

Avec 17 titres à leur actif, les Celtics de Boston détiennent le record du plus grand nombre de championnats NBA jamais remportés. Ce record comprend sept victoires consécutives entre les années 1960 et 1966. Les autres années au cours desquelles les Celtics ont pu célébrer des titres incluent 1957, 1959, 1968-1969, 1974, 1976, 1981, 1984, 1986 et 2008.

37

Le joueur le plus grand jamais enregistré dans le match de basket mesure 8,05 pieds. Le plus grand basketteur de l'histoire appartient actuellement à Suleiman 'Ali Nashnush (1943-1991), qui a détenu le record de 1943 à 1991. En 1962, il était membre de l'équipe libyenne alors qu'il mesurait un peu plus de 8 pieds.

38

À 7 pieds 7 pouces, Manute Bol détient le record du plus grand joueur à avoir concouru en NBA.

En 1985, Bol était membre de l'équipe de basket-ball des Washington Bullets. En 1994, il devient membre du Miami Heat. Bol a récolté 1 599 points au cours de sa carrière, qui l'a vu disputer 624

matchs. Cependant, sa nationalité est souvent mal comprise car il a la double nationalité soudanaise et américaine.

39

L'ancien joueur roumain Gheorghe Muresan, qui a joué au-dessus de 2 m de haut, est maintenant à la retraite. Les deux joueurs ont une hauteur totale de 7 pieds 7 pouces et étaient membres de l'équipe de basketball des Washington Bullets en 1993. La carrière NBA de Muresan s'est terminée
terminé plus tard avec les New Jersey Nets. Au cours de sa carrière de sept ans, il a disputé 307 matchs et marqué 3 020 points. Muresan a eu une carrière de basket-ball très réussie bien qu'il ait été contraint de grandir à cette hauteur en raison d'une affection affectant sa glande pituitaire.

40

Michael Jordan, six fois vainqueur du championnat NBA, est souvent considéré comme le basketteur le plus riche de l'histoire. La richesse de Jordan est estimée à environ 2,1 milliards de dollars en février 2020. Ses

revenus de carrière comprennent environ 90 millions de dollars en salaire et plus de 1,4 milliard de dollars en

revenus provenant de partenaires commerciaux. La marque Jordan, une sous-division du géant des vêtements de sport Nike, était l'un des résultats de son partenariat avec l'entreprise.

41

Une seule fois dans sa carrière, Shaquille O'Neal a réussi un triplé. Shaq est quatre fois champion de la NBA et 15 fois NBA All-Star, ce qui en fait l'un des meilleurs joueurs de l'histoire de la NBA. Marquer était la seule partie du jeu qu'il ne contrôlait pas entièrement. Après 22 tentatives en carrière, Shaq n'a réussi qu'un seul tir à trois points. Il est difficile d'imaginer un joueur de la NBA marquant 11 196 points mais ne frappant jamais un 3 points.

Lorsque le Magic a frappé la balle avec deux secondes à jouer dans le règlement le 16 février 1996, Shaq avait l'un des pires sauteurs de banque de l'histoire de la NBA. Ci-dessous se trouve le seul trois points qu'il ait jamais réalisé dans sa carrière professionnelle.

42

L'une des plus grandes chaussures de basket-ball de tous les temps, Air Jordan a été lancée pour la première fois en 1985. Leur taille continue de croître chaque année.
Mais tout n'a pas été facile au début. À cette époque, la plupart des styles de baskets étaient blancs et les joueurs devaient porter des chaussures assorties à leurs maillots et à leurs coéquipiers.
L'ancien commissaire de la NBA, David Stern, n'a pas approuvé le jeu de couleurs noir et rouge des Air Jordans d'origine, car il a atteint les maillots des Chicago Bulls. Lorsque Michael Jordan a porté ces chaussures à un match, Stern lui a infligé une amende de 5 000 $. Jordan s'en fichait car Nike avait déjà payé la totalité de l'amende. En conséquence, Nike a payé un prix pas trop élevé pour ce qu'il a reçu.

43

Après 13 choix lors du repêchage de la NBA en 1996, Kobe Bryant a été repêché. Vous savez tous comment s'est déroulée sa carrière; il a été repêché par les Charlotte Hornets mais rapidement transféré aux Lakers de Los Angeles. Quant à Kobe, on dit qu'il n'avait même pas 18 ans lorsqu'il a été repêché.

À l'époque, vous deviez répondre à un ensemble distinct de critères pour être éligible à un repêchage de la NBA. Le contrat NBA de Kobe obligeait ses parents à cosigner jusqu'à ses 18 ans la même année.

44

LeBron James, actuellement l'un des meilleurs athlètes de la planète, utilise sa main gauche pour tout, de manger à écrire. En d'autres termes, il peut aussi bien utiliser ses deux mains.

Beaucoup de gens supposent que LeBron est droitier puisqu'il préfère tirer de la main droite, mais la vérité est qu'il aime utiliser sa main gauche pour à peu près toutes les autres compétences qu'il possède.

45

Quand on a demandé à Lebron James pourquoi il avait tiré avec sa main droite au lieu de sa gauche, il a dit que c'était parce qu'il voulait être comme Michael Jordan et Penny Hardaway, deux de ses héros de basket-ball d'enfance, et ils ont tous les deux tiré de la droite. . Imaginez si LeBron James tirait de la main gauche.

46

Le premier club de basket français, le Basket-ball Club de Paris, a été fondé en 1893, un an seulement après la naissance du jeu aux États-Unis. Par ailleurs, le premier championnat de France de basket a eu lieu en 1921, près de vingt ans avant la fondation de la FIBA (Fédération Internationale de Basketball) en 1932. La France a ainsi une longue tradition dans la pratique et le développement du jeu de basket.

47

Shaq était le leader du Magic d'Orlando alors qu'il n'avait que 22 ans en 1995. Cette saison-là, il a mené le Magic au championnat. D'un autre côté, l'histoire de Shaq a pris une tournure différente dans le tournoi.

De l'autre côté du terrain se trouvait Hakeem Olajuwon, l'un des meilleurs centres de l'histoire de la NBA. Hakeem a marqué plus de 30 points par match, écrasant Shaq dans toutes les catégories statistiques. C'était une défaite 3-0 pour les Warriors et Shaq était furieux. À la suite de la conclusion de la série de championnats, Shaq a envoyé une note à Hakeem, le défiant à un match en tête-à-tête en raison de leur rivalité houleuse. Il était enfin temps pour le Taco Bell Head-to-Head Challenge, et l'annonce pour le promouvoir avait finalement été publiée.

48

En tant que joueur le plus court de la NBA, Tyrone "Muggsy" Bogues détient le record du joueur le plus rapide de la ligue. Imaginez si un joueur de seulement 5 pieds 3 pouces se rendait à la NBA. C'est parce que cette histoire est tout sauf ordinaire.

Il n'y a jamais eu d'homme plus extraordinaire que celui décrit ici. Muggsy a été moqué pour sa taille à chaque étape de sa vie, mais il ne s'est jamais laissé abattre. Il a fait peu d'efforts et est rapidement passé à la NBA. Contre des adversaires plus grands, il a bloqué 39 tirs au cours de sa carrière NBA. En fait, c'était unique en son genre.

49

Les fans de basket considèrent Michael Jordan comme le joueur le plus accompli de tous les temps. Cependant, il y a plusieurs concurrents supplémentaires pour le même titre dans différentes catégories. Bill Russell détient le record du plus grand nombre de bagues de championnat remportées au cours de sa carrière.

Kareem Abdul-Jabbar détient le record de longévité la plus étonnante, tandis que Wilt Chamberlain détient le record de domination statistique. À ce stade, LeBron James est pris au sérieux en tant qu'adversaire potentiel pour le trône prisé.

50

Wang Zhizhi a été le premier joueur d'origine chinoise à participer à la National Basketball Association (NBA). Wang Zhizhi, un centre de six pieds de haut, a fait ses débuts à la National Basketball Association (NBA) avec les Dallas Mavericks lors de la saison 2000-2001. Cependant, la plupart des gens confondent Yao Ming avec le premier.

51

Wilt Chamberlain détient le record du plus grand nombre de points marqués en un seul match de basket.
Chamberlain est devenu le premier joueur de l'histoire de la NBA à marquer 100 points dans un match contre New York. Après avoir obtenu son diplôme de l'Université du Kansas à la fin des années 1950, Chamberlain a poursuivi une carrière dans le basket-ball professionnel. Même maintenant, il est toujours largement considéré comme le meilleur grand homme dans tous les aspects du jeu.

52

Kareem Abdul-Jabbar est le joueur qui a eu le plus d'impact sur l'évolution de la réglementation du basketball.
Au cours de la deuxième année d'Abdul-Jabbar à l'Université de Californie à Los Angeles, les coups dunk sont devenus illégaux dans le basket-ball collégial, les éliminant finalement. C'était parmi plusieurs situations où le comité pensait que les gros joueurs avaient trop d'avantages dans les matchs.

53

Edward et Lew Wachter, frères, ont été parmi les premiers basketteurs à ne pas avoir reçu suffisamment de crédit.

Bien qu'ils aient joué pour différentes villes, Bill Hardman, Jack Inglis et Jimmy Williamson avaient tous la même force et le même talent.

Le rebond de la passe offensive et la passe longue sont deux innovations que ces joueurs ont apportées au jeu. Ils ont également été la force motrice derrière le changement de règle en 1923 qui a permis aux joueurs fautifs de tirer leurs lancers francs.

54

Corey "Thunder" Law est l'actuel détenteur du record du plus long tir de basket-ball réussi, mesurant 109 pieds 9 pouces.
Après avoir joué pour les Harlem Globetrotters, Law a battu plusieurs autres records de basket notables. Le tir de basket-ball le plus long avec les yeux bandés est de 69 pieds 6 pouces, tandis que le tir le plus éloigné est de 82 pieds 2 pouces. Ce ne sont que deux des enregistrements.

55

Le plus petit joueur de l'histoire de la NBA était Tyrone "Muggsy" Bogues : seulement 160 centimètres de hauteur, ce qui ne l'a cependant pas empêché de servir avec succès dans les équipes des Charlotte Hornets et des Toronto Raptors jusqu'en 2001.

56

La deuxième plus longue suspension appartient à Latrell Sprewell, qui manquera 68 matchs.
En 1997, il a lancé un assaut sur l'entraîneur PJ Carlesimo, l'étouffant pendant près de 15 secondes jusqu'à ce que les autres joueurs puissent se libérer.

57

Avant la Seconde Guerre mondiale, les Original Celtics étaient l'équipe de basket-ball professionnelle la plus célèbre au monde.
Les jeunes de New York ont commencé à se produire ensemble en 1915 et ont continué à recruter de nouveaux membres jusque dans les années 1920. Ils étaient imbattables jusqu'en 1928, date à laquelle ils ont décidé d'arrêter. Après s'être réunis au début Dans les années 1930, l'équipe est devenue connue sous le nom de New York Celtics et a concouru sous ce surnom. Les Celtics ont joué des matchs tous les soirs, deux fois le dimanche, et ont passé la plupart de leur temps loin du TD Garden. Au cours de la saison 1922-23, ils ont remporté 204 des matchs de 2015 auxquels ils ont joué. En 1936, ils décident d'arrêter et de prendre leur retraite.

58

La Renaissance de New York est l'équipe entièrement noire la plus titrée de l'histoire du sport.
Robert Douglas est celui qui a initié la formation de l'équipe en 1923. L'équipe est également connue sous le nom de Rens. Au cours de la saison 1932-33, ils ont frappé 88 matchs consécutifs. De plus, les Rens ont remporté le World Pro Tournament qui s'est tenu à Chicago, battant les Harlem Globetrotters et les Oshkosh AllStars.

59

A marqué la première année du tournoi national sur invitation, organisé par des écrivains de basket-ball de New York (NIT). En un peu plus d'un an, les universités de New York ont pris la tête de l'événement.
Jusqu'au début des années 1950, la National Invitation Competition était considérée comme le premier tournoi aux États-Unis. Cependant, en raison de l'expansion du championnat NCAA, le tournoi national sur invitation a été rétrogradé au rang de tournoi de consolation pour les équipes qui n'ont pas été sélectionnées pour le tournoi NCAA.

60

Le premier match de basket en plein air de l'histoire a-t-il eu lieu à Paris en 1893 ? Le 27 décembre de la même année, le Basket-ball Club de Paris organise un match en plein air entre deux équipes de six joueurs chacune, avec un ballon de basket en cuir marron. Le match s'est déroulé sur le terrain de jeu de l'Union des Sociétés Françaises de Sports Athlétiques (USFSA), une association sportive fondée en 1889 à Paris. Cet événement historique est considéré comme l'un des premiers exemples de basket joué en plein air et a contribué à populariser le jeu de basket en Europe.

61

Le concept de baseball fantastique a été à l'origine de la création de Yahoo Fantasy Basketball. Le jeu s'est répandu pour la première fois dans les années 1990, mais a décollé à mesure qu'Internet devenait largement disponible.

Au début, les joueurs devaient suivre leurs statistiques manuellement. Après avoir sélectionné de vrais joueurs de la NBA et analysé leurs résultats statistiques sur le terrain, les joueurs ont remporté le titre de "directeur général" dans le jeu.

62

En ce qui concerne les fondamentaux impliqués, le basket-ball fantastique est le même que tout autre sport fantastique que vous pourriez nommer. La base du jeu est composée de joueurs réunis en équipes en fonction de leur ligue particulière. La performance réelle des joueurs détermine le nombre de points que chaque joueur reçoit.

Le nombre total de points gagnés est le facteur final pour décider des gagnants et des perdants pour la journée, la semaine ou la saison.

63

La durée moyenne d'un match joué en NBA est de 48 minutes.
Ensuite, il est divisé en quatre quarts qui durent chacun 12 minutes. Malgré cela, les périodes de jeu peuvent s'étendre jusqu'à deux heures ou même plus, selon des événements aléatoires.
Les différents types incluent les délais d'attente, les plantages et autres perturbations du flux de jeu.

64

Un joueur doit positionner son corps perpendiculairement au panier pour tirer avec succès un ballon de basket. Les joueurs doivent maintenir un poids égal sur chaque pied et avoir un peu de flexion du genou afin d'avoir la bonne position de tir.

Après cela, le joueur est responsable d'amener le ballon dans la position dite "bloquer et charger", qui consiste à placer le ballon sur le bout des doigts de la main qui tire de la même manière qu'un serveur tiendrait une assiette. Cependant, tirer le ballon avec les deux mains n'est pas une bonne idée.

65

Pour lancer le ballon, un joueur doit d'abord claquer son poignet tout en balançant son bras vers le bas. Il est essentiel de maintenir un bon alignement entre le coude de traction et le corps. Le composant est forcé de se déplacer dans un plan vertical, améliorant la précision du joueur lorsqu'il est joué de cette façon.

66

Pour générer du backspin, la balle doit rouler du bout des doigts lors du relâchement.

Le majeur est généralement celui qui touche le ballon en dernier. Lorsque vous débutez, il est important de vous rappeler de tirer la balle avec vos doigts plutôt qu'avec vos paumes. Vous devriez également commencer votre entraînement en vous entraînant à courte distance.

67

Il est fortement recommandé que vous vous entraîniez sur un vieux ballon de basket lorsque vous apprenez à faire tourner un ballon de basket. Plus le ballon est lisse, plus il est usé et plus il a été utilisé longtemps. De ce fait, il aura moins d'adhérence ou de friction, ce qui lui permettra de tourner plus facilement sur votre doigt.
De plus, si vous voulez apprendre à faire tourner un ballon de basket sans vous blesser, vous devez vous couper les ongles.

68

Avant d'essayer de faire tourner la balle sur votre doigt, il est utile de maîtriser la rotation à la main. Plus une balle est bien rendue, plus elle tournera vite.

Les joueurs peuvent avoir une meilleure idée de la dynamique du ballon dans leurs mains en apprenant à faire tourner le ballon en l'air.

69

Les mouvements de rotation de basket-ball peuvent être divisés en deux catégories distinctes : la rotation à une main et la rotation à deux mains.

Pour commencer, la rotation à deux mains donne au joueur plus de contrôle et de puissance, lui permettant d'atteindre une vitesse de rotation initiale plus élevée. En revanche, le spin à une main donne

un aspect plus intéressant puisqu'il peut parfois faciliter l'accès de la balle au doigt. C'est l'une des raisons pour lesquelles il est si populaire. Cependant, l'un des inconvénients de l'utilisation de cette stratégie est qu'il est plus difficile d'obtenir un tour rapide.

70

En 1913, il y avait au moins cinq règles différentes régissant le basket-ball. Cette liste comprend les règles du YMCA - Amateur Athletic Union, des collèges et des groupes de milice, ainsi que deux versions différentes des règles professionnelles.
Il était courant pour les équipes d'accepter de jouer chaque mi-temps d'un match selon un ensemble de directives distinct.

71

En 1915, l'Amateur Athletic Union, la Young Men's Christian Association et les collèges ont formé le Joint Rules Committee. L'établissement de normes de mesure normalisées était l'objectif principal de l'organisation.

En 1936, l'organisation a changé son nom en National Basketball Committee (NBC) des États-Unis et du Canada. La National Basketball Association (NBS) était la seule organisation de réglementation du basketball amateur jusqu'en 1979.

72

Cette même année, 1979, les collèges se sont séparés pour créer leur propre comité des règles. Après un certain temps, la Fédération nationale des associations de lycées d'État (NFHSA) a assumé la responsabilité de déterminer des ensembles distincts de règles du jeu pour les lycées.

73

Le comité des règles de la NCAA masculine compte douze membres du conseil d'administration, chacun représentant l'une des trois divisions de la NCAA.
L'équipe comprend douze personnes, dont six membres des établissements de la division I, trois des écoles de la division II et trois des divisions III et III.
Le basketball est joué dans les universités, les collèges juniors et les institutions affiliées à la National Association of Intercollegiate Athletics (NAIA), et la NCAA régit l'armée. De même, il existe un corps similaire pour le jeu féminin.

74

Depuis 1894, une équipe de basket-ball est toujours composée de cinq joueurs. Du moins, c'était la situation avec des aires de jeux inférieures à 178 pieds carrés (167,2 m²). Dans les gymnases allant de 1 800 à 3 600
pieds carrés (334,5 mètres carrés), le nombre typique de joueurs dans un match est de sept, tandis que neuf joueurs participent à des compétitions dans des espaces encore plus grands.

75

1895 a été l'année où la norme de cinq basketteurs par équipe a été établie par consensus. Après ces deux années, les règles stipulaient que chaque équipe avait cinq joueurs.

Ce nombre est resté inchangé jusqu'à nos jours.

76

En raison de l'utilisation généralisée des stratégies de retardement, la NBA a décidé de mettre en œuvre certains ajustements aux règles. Pour commencer, la ligne médiane n'est apparue qu'en 1932. Dans les dix premières secondes, l'équipe attaquante doit passer le ballon devant la défense, sinon elle perdra la possession du ballon. En 1937, une révision des règles a supprimé l'obligation pour les joueurs d'effectuer un saut central après avoir marqué un panier ou un lancer franc.
Au lieu de faire rebondir le ballon depuis la ligne des lancers francs, l'équipe qui défend le panier peut le faire depuis l'extérieur des limites sous le panier.

77

Le comité des règles de la NCAA a adopté un chronomètre des tirs avec une limite de temps de 45 secondes en 1985.
L'expérimentation a conduit à la création du chronomètre des tirs, qui n'a été raccourci au format actuel de 35 secondes qu'en 1993. De plus, le chronomètre limitait la durée pendant laquelle une équipe pouvait contrôler le ballon avant de tirer.

78

1986 est l'année où la réglementation du tir à trois points est introduite.
Chaque but marqué à une distance supérieure à 19,75 pieds (6,0 mètres) vaut trois points. En 2008, la distance entre le panier et la ligne des trois points était passée à 20,75 pieds (6,3 mètres).

79

Les règles du basket-ball ont été considérablement modifiées pour empêcher les joueurs plus grands d'obtenir un avantage injuste. En 1932, il est devenu illégal pour le joueur en possession du ballon de se tenir à l'intérieur de la ligne de faute, dos au panier pendant plus de trois secondes.

Lorsqu'elle a finalement été mise en œuvre, la règle des trois secondes s'appliquait à tout joueur attaquant dans la voie des fautes.

80

En 1937-1938, la pratique de l'ingérence dans les paniers est rendue illégale. Le gardien de but se produit lorsque les joueurs touchent le ballon dans ou sur le bord du panier.

Depuis 1944, les gardiens de but sont interdits et les joueurs de l'équipe défensive ne sont pas autorisés à toucher le ballon car il se dirige vers le panier.

81

Ce n'est que dans les années 1950 que le dribble est devenu une composante essentielle du basket-ball. L'interdiction du dribble a été instituée à la même époque qui a vu l'essor du basket-ball moderne en tant que sport populaire. Avant cela, les joueurs attrapant le ballon pouvaient reculer de quelques pas avant d'être obligés de s'arrêter. Ensuite, ils peuvent lancer le ballon à partir de cette position.

82

La National Basketball Association (NBA) avait un concurrent dans l'American Basketball Association (ABA). Au cours de sa première saison, 1967-1968, l'American Basketball Association (ABA) comprenait 11 clubs régis et commandés par George Mikan. Par la suite, la compétition entre les deux écoles s'est transformée en une bataille féroce pour savoir qui recruterait les étudiants les plus talentueux de l'autre établissement.

La NBA a acquis quatre des clubs de l'ABA lorsque l'ABA a cessé ses activités en 1976.

83

La National Basketball Association comprend 30 clubs, répartis également entre les conférences Est et Ouest. De plus, chacune de ces catégories a été subdivisée en l'une des six divisions.

Fin avril marque le début des séries éliminatoires, qui mettent en vedette 16 équipes ayant participé à 82 matchs.

Les matchs se jouent dans une série au meilleur des sept, mais les appariements finaux ne se produisent généralement pas avant la fin juin.

84

La National Basketball Association a créé la National Basketball Development League en 2000. (NBDL).

Par la suite, la ligue professionnelle de basket-ball a utilisé l'organisation comme un "système agricole". Au cours de son premier demi-siècle, la National Basketball Association n'avait pas de développement officiel des joueurs ni de système de ligue mineure.

La National Basketball Association (NBA) s'est fortement appuyée sur le basket-ball universitaire comme principal domaine de recrutement, car elle manquait d'ordre pour élever des joueurs jeunes et inexpérimentés.

85

Depuis 2005, la National Basketball Association (NBA) exige que les joueurs nationaux aient 19 ans ou plus pour participer au repêchage. De plus, le joueur potentiel doit avoir obtenu son diplôme d'études secondaires au moins un an avant de postuler. De plus, les joueurs devaient passer au moins un an à jouer professionnellement à l'étranger ou à l'université avant de pouvoir rejoindre une franchise NBA.

Kobe Bryant, qui avait 18 ans à l'époque, détient le record du plus jeune joueur de l'histoire de la NBA selon la même règle.

86

1903 a été l'année où les terrains de basket ont finalement été officiellement dépouillés. Avant cela, les tribunaux avaient souvent une disposition asymétrique.
Même s'ils interféraient avec le jeu, des obstacles occasionnels tels que des piliers, des escaliers ou des bureaux étaient considérés comme normaux. 1903 a été l'année qui a finalement vu la mise en œuvre officielle d'une règle exigeant des lignes frontalières droites.

87

Le cuir composite et les matériaux synthétiques qui composent un ballon de basket laminé sont collés à la main sur l'enveloppe en caoutchouc du ballon. Par conséquent, le meilleur endroit pour jouer avec une telle balle est à l'intérieur.
La couverture de balle le rend facile à manipuler et augmente son attrait esthétique. D'autre part, les ballons de basket laminés possèdent une résistance essentielle et une résistance à l'abrasion. De plus, le boîtier agit comme un cadre pour les composants internes.

88

Les deux premières années de matchs de basket-ball se jouaient avec un ballon de football, parfois appelé ballon de football. Ce n'est qu'en 1894 que le premier ballon de basket a été vendu. Sa circonférence était d'environ 32 pouces (81 cm), ce qui le rend nettement plus grand qu'un ballon de football.

Malgré cela, le ballon de basket est venu en moins de 20 onces (567 grammes). En 1948-1949, le ballon moulé sans lacets avait été officiellement adopté et sa taille était normalisée à 30 pouces (76 cm).

89

Peu de temps après, les panneaux en bois se sont avérés de qualité supérieure.
Les panneaux de verre ont été autorisés pour la première fois dans la compétition professionnelle en 1908-1909, et les collèges ont emboîté le pas l'année suivante en 1909-1910. Les planches ont été déplacées vers l'intérieur des terres d'un total de 0,6 mètre en 1920-1921, suivies de 2 pieds supplémentaires en 1939-1940.
En conséquence, il y aura moins de cas de sortie hors des frontières. Les tirages au sort des fans ont finalement été sanctionnés lors de la saison 1940–41.

90

L'uniforme de basket-ball standard comprend un maillot sans manches et un short plutôt que des manches longues. La National Basketball Association (NBA) a envisagé d'ajouter des manches à ses maillots en 2013, ce qui les aurait fait ressembler davantage à des chemises. Le résultat a été un déluge de plaintes des joueurs et des fans.
L'expérience a duré jusqu'en 2017, lorsque Nike a repris le contrat de kit de la NBA et a annoncé qu'il n'utiliserait plus de maillots à manches. Par la suite, il a été décidé que l'expérience prendrait fin.

91

Les New Jersey Nets ont déposé une protestation contre le score final du match qu'ils ont disputé contre les 76ers de Philadelphie le 8 novembre 1978. Le 23 mars 1979, les 17 dernières minutes et 50 secondes du match ont été rejouées.

Avant de rejouer le jeu original, il y avait déjà eu un échange entre les deux équipes. En conséquence, les registres des matchs montrent que trois joueurs, Eric Money, Harvey Catchings et Ralph Simpson, faisaient partie des deux équipes en même temps et ont assisté au même match.

92

Selon une étude menée en 2017, les clubs de la Conférence Est de la NBA peuvent se retrouver désavantagés lorsqu'ils jouent des matchs à l'extérieur de la Conférence Ouest. Les niveaux individuels de stress et de fatigue sont affectés et, par conséquent, les performances des équipes à l'extérieur peuvent être entravées.
La perturbation du rythme circadien causée par les déplacements d'est en ouest va à l'encontre de la rotation de la terre, qui se produit d'ouest en est.

93

Plusieurs records de la NBA ont été établis lors du match de saison régulière du 13 décembre 1983 entre les Pistons de Detroit et les Nuggets de Denver. Après trois prolongations, le score final du match était de 186 à 184 en faveur de Detroit.

Ce jeu a battu non seulement le record du plus grand nombre de points marqués en un seul match, mais également le record du plus grand nombre de points marqués par une équipe dans un jeu divertissant et le

record du deuxième plus grand nombre de points marqués dans un groupe.

94

Les Chuck Taylor All-Stars originales de Converse ont été les premières chaussures de sport conçues spécifiquement pour le basket-ball à être vendues dans le commerce. Sa conception traditionnelle haut de gamme offrait un soutien de la cheville pour sauter à de plus grandes hauteurs et établissait la référence pour les autres fabricants respectés d'aujourd'hui dans leurs domaines. Dans les années qui ont précédé les années 1930, Converse a fait face à de nombreux imitateurs et concurrents, chacun introduisant de nouvelles modes et formes de technologie. Malgré cela, les chaussures montantes originales ont dominé le marché en tant que marque la plus populaire de tous les temps.

95

Les premiers États à développer des jeux professionnels se trouvaient dans les régions du centre de l'Atlantique et de la Nouvelle-Angleterre. Trenton (New Jersey) et les New York Wanderers ont été les premiers grands clubs professionnels.
Les deux ont été fondées au début des années 1900. Plus tard, des Allemands de Buffalo, New York, ont fait la même chose. En 1895, les membres du groupe n'avaient que 14 ans lorsqu'ils ont rejoint le Buffalo YMCA pour la première fois. Au cours de ses 44 années d'existence, au cours desquelles il a remporté 792 matchs sur 878, il a gagné quelques nouveaux membres de temps en temps.

96

Le sport du basket-ball professionnel a souffert dans les années 1930 à la suite de la Grande Dépression. 1937 a vu la formation d'une nouvelle Ligue nationale de basket-ball dans le Haut-Midwest et les régions avoisinantes. Walter A. Brown, le président du Boston Garden (BAA), a fondé la nouvelle Basketball Association of America.

Le mouvement a commencé en 1946, la même année que les grandes ligues professionnelles de basketball ont été créées.

97

Nike est entré sur le marché des chaussures de basket dans les années 1970 avec la sortie de son nouveau modèle Blazer. Les chaussures basses emblématiques de Puma ont été intégrées à ces baskets, qui comprenaient le "swoosh" Nike. Converse a fait un retour du milieu à la fin des années 70 avec son nouveau modèle Weapons, popularisé par des athlètes comme Magic Johnson et Larry Bird.

Le département technologie de Nike a refusé d'abandonner. La chaussure emblématique, connue pour sa semelle aérienne emblématique et son design en cuir classique, a été lancée pour la première fois par la grande entreprise de vêtements dans les années 1980 sous le nom d'Air Force 1.

98

Les ballons de basket moulés ont des surfaces extérieures entières développées avec la carcasse par les fabricants. En raison de cette caractéristique, le basket-ball à motifs est plus efficace lorsqu'il est joué à l'extérieur. La carcasse et le couvercle de la chose fournissent la structure de ses composants internes. De plus, les balles en caoutchouc haut de gamme sont recouvertes d'une couche de peinture pour une meilleure adhérence et un meilleur look.

99

Le joueur le plus petit de la NBA était Muggsy Bogues, qui ne mesurait que 5 pieds 3 pouces.

Muggsy était un athlète fantastique qui s'est fait un nom en tant que joueur agile.

En raison de sa petite taille, il est allé entre les genoux d'un joueur lors de l'une des pièces.

En tant que bloqueur, il était sous-estimé.

En revanche, avec une hauteur de 7 pieds 7 pouces, Manute Bol est le détenteur du record de hauteur NBA. Il était excellent pour bloquer les tirs et rebondir.

Il avait une portée étonnante au-delà de l'arc. Ils ont partagé une équipe NBA avec les Washington Bullets lors de la saison 1987-88.

100

Plus que pour sa carrière sportive, le basketteur américain Charles Hollis Taylor, dit Chuck, est connu pour les chaussures qu'il portait.
Son nom, en fait, est lié à la célèbre Converse All-Star, la chaussure de basketball la plus vendue et la plus durable de tous les temps : la première paire a été produite en 1917.

Printed in France by Amazon
Brétigny-sur-Orge, FR

13779495R00059